मेरी माँ : यादों की स्याही से

Aditi Srivastava

BookLeaf Publishing
India | USA | UK

Made with ❤ on the BookLeaf Publishing Platform
www.bookleafpub.in
www.bookleafpub.com

Dedication

मैं यह किताब अपनी माँ को समर्पित करना चाहती हूँ –
एक ऐसी शख्सियत को, जिन्होंने बिना कुछ कहे, मुझे हमेशा संभाला, संवारा और संजोया।

उनका प्रेम मेरे जीवन का सबसे स्थायी और अमूल्य तोहफा रहा है। यह किताब, मेरी तरफ़ से, उस प्रेम के प्रति एक छोटी सी श्रद्धांजलि है।

माँ आज भी मेरे हर विचार के पीछे खड़ी हैं – बस थोड़ी चुप, थोड़ी दूर, लेकिन बहुत पास।

Preface

यह पुस्तक केवल शब्दों का संग्रह नहीं है, बल्कि एक शांत संवाद है – उस एक व्यक्ति से, जो आज भी मेरी हर धड़कन में बसी हैं: मेरी माँ।

इस लेखन की हर भावना कहीं न कहीं उनकी यादों, उनकी निस्वार्थ ममता और उनकी चुपचाप दी गई सीखों से उपजी है।
यह मेरी एक कोशिश है – उन अनकहे जज़्बातों को शब्द देने की, जो मैं उनके सामने कभी कह नहीं पाई।

यह किताब मेरे लिए एक पुल बन गई – बीते समय और वर्तमान के बीच, यादों और भावनाओं के बीच, और सबसे ज़्यादा – मेरे मन और माँ के बीच।

कभी-कभी शब्द वहाँ पहुँच जाते हैं, जहाँ हम स्वयं नहीं पहुँच पाते।
अगर इन पन्नों में माँ की उपस्थिति का एक अंश भी महसूस हो सके, तो समझूँगी – मेरी चुप्पियाँ भी उन्होंने सुन लीं।

वो भले ही आज मेरे पास भौतिक रूप से न हों, पर हर सोच, हर निर्णय, और हर ख़ामोश पल में – वो आज भी मेरे सबसे क़रीब हैं।
और अब, इन शब्दों के माध्यम से, शायद आपके भी।

Acknowledgements

विचार मेरे अपने थे, लेकिन उन्हें लिखने का हौसला और साथ मुझे अपने पति से मिला।
वो हमेशा मेरे साथ मज़बूती से खड़े रहे – हर मोड़ पर किसी न किसी तरह से मेरा साथ देते हुए।

उनका भरोसा और लगातार मिला सहयोग मुझे लिखते रहने की ताकत देता रहा।
आज जो यह किताब आपके हाथ में है, वह सिर्फ मेरी नहीं, बल्कि हम दोनों की इस यात्रा की एक खूबसूरत झलक है।

1. माँ का बचपन

माँ के बचपन को किसने जाना है,
उसके अनकहे ख्यालों को किसने पहचाना है।
उसके दिल में भी होगा एक सपना सुहाना,
संग तितलियों के यूँही उड़ जाना।
छूना चाहती होगी वो भी आसमान,
जाने कहाँ तक पहुंचते होंगे उसके अरमान।
ज़मीन पर नाचती एक छोटी सी गुड़िया,
जेबों में रखती होगी ख्वाबों की पुड़िया।

कभी बरसात में भीग के हँसती होगी,
छोटी-छोटी बातों पर दिल से मचलती होगी।
कागज़ की नावों में घूम आती होगी सागर,
यूँही करती होगी वो अपने सपनों का सफ़र।
अपनी कल्पनाओं की पिरोती होगी वो माला,
जिसे देखकर मनही मन मुस्कुराती होगी वो आला।
छुप छुप कर आज भी वो ख्वाबों में रंग भरती होगी,
बचपन की परियों से बातें करती होगी।

वक़्त की धारा धीरे धीरे यूँही बहती रही,
और वो नन्हीं सी बच्ची भी उम्र की राहों पर संवरती रही।

2. वो माँ वाली बातें

बचपन में बारिश जब ज़ोरों से बरसती थी,
ना छतरी ना इंतज़ार – बस भीगती ही घर पहुंचती थी।
और फिर दरवाज़े पर मिलती थी एक मिठास भरी डाँट,
सरसों के तेल में अजवायन वाली वो गरम-गरम बात।

माँ हर बार तैयार रहती थी, बिना कहे ही जान लेती थी,
भीगी तलवों को सहला, अपने हाथों से थाम लेती थी।

फिर जब दुनिया की भीड़ में पाया खुद को कहीं,
तो भीगना तो दूर – बारिश भी नजरअंदाज़ हो गई ।
अब कौन ही कहे – *"बैठ, बालों में गरम तेल लगा दूँ"*,
पलभर में दिनभर की थकान यूँही मिटा दूँ।

बचपन में जब मुँह बनता था खाने पर,
माँ कहती थी – "चलो घी-गुड़ रोटी ही खा लो मगर।"
या फिर झट से बन जाती आलू की भुजिया,
मन भर जाता था देख कर उसकी यही प्यार भरी बगिया बस माँ थी
– जो हर नखरे पर भी मुस्कुरा देती थी सौ बार।
और हमें देती थी ये ममता का उपहार।

अब तो बस सिर्फ़ ये यादें ही रह गईं,
वो माँ ही थी जो अपनी ऊँगलियों से हमें सवाँर गई।
आज भी अगर एक दिन को लौटे वो माँ का आलम,
तो सबसे पहले माँगूँगी उनसे प्यार भरा – वो सरसों का मलहम।

3. पूछो जरा माँ से

ज़रा माँ से पूछो, बस यूँ ही नहीं,
क्या वो सच में ठीक है या बस दिख रही है सही?

क्या आज कुछ खाया भी या सबको खिला के रह गई?
क्या दिनभर की थकान ओढ़े, फिर वो मुस्कुराहट में बह गई?

क्या वही बोझ अब भी हर रोज़ उठाती है?
क्या घर के बीच कहीं खुद को ही भूल जाती है?

उसके दिल से पूछो, क्या कुछ छुपा है गहरा सा?
कोई दर्द, जो कभी लबों तक ना आया सच्चा सा?

ज़रा उसकी आँखों को पढ़ो, क्या थकावट छुपी है परछाईं में?
क्या कभी तरसती हैं वो भी एक "थैंक यू" के लिए मन की गहराई में?

कभी चुपचाप उसके पास बैठो, बिना सवालों के,
और पूछो उसके ख्वाब – जो खो गए सालों में।

क्योंकि वो सिर्फ माँ नहीं, एक औरत भी है,
जिसके भी कुछ अरमान थे – जो ज़िंदगी की रफ़्तार में कहीं रह गए

पीछे।

कभी यूँ भी कह देना, बड़ी राहत होगी उस बात में –
"माँ, मैं देखती हूँ तुझे, तेरी थकान को मगर अब मैं हूँ तेरे साथ
तूने सब किया हमारे लिए – अब तू भी थोड़ा जी ले आज।"

4. माँ जैसा कोई नहीं

तेरी मुस्कान दिलों में उतर जाती थी,
तेरी हँसी से घर में रोशनी छा जाती थी।
जो भी आया तेरे दर पे एक बार,
तूने बाँट दिया बस प्रेम और सत्कार।

ना कुछ माँगा, ना कुछ जताया,
हर दर्द चुपचाप ही अपनाया।
हर रिश्ते को तूने मान दिया,
हर मोड़ पर बस अपनापन दिया।

मेरे सपनों को तूने अपने पंख दिए थे,
हर हार में भी तूने जीत के रंग दिए थे।
तेरी थकावट तूने कभी जताई नहीं,
अपने हिस्से की कहानी सुनाई नहीं।

तेरा होना एक आशीर्वाद सा लगे,
तेरा साया हर मुश्किल में साथ जगे।
आज भी तेरी यादों से घर महक उठता है,
तेरे बिना भी तेरा प्यार हर कोने में दिखता है।

5. वक्त के उस पार

हम फिर मिलेंगे किसी रोज़ यूँ ही,
ना यादों में, ना गूंजों की छाँव में कहीं।
जैसे थे हम, वैसे ही मिलेंगे,
इस दुनिया की दीवारों से परे, सपनों में ढलेंगे।

मुझे नहीं मालूम उस पार क्या है,
पर लगता है तू है वहाँ जहाँ प्यार है।
जहाँ कोई दर्द नहीं, कोई डर नहीं,
समय भी पहुँच नहीं सकता कहीं।

शायद तू तारों को छू रही होगी,
नई कहानियाँ आसमान में बुन रही होगी।
शायद रखा है तूने मेरे लिए एक कोना,
शांत सा, सुकून भरा, जैसे तेरा ही सपना।

यहाँ आसान नहीं है तेरे बिना चलना,
हर साँस में तेरा नाम ही है बस पलता।
लेकिन सीने की इस खाली जगह में,
तेरी याद ही है जो रखती है मुझे थाम के।

अगर वो जगह सच है कहीं,
अगर मोहब्बत हारती नहीं कभी
तो तू मुझे मेरे दिल की धड़कन से पहचानेगी,
मुझे देखे बिना ही जान जाएगी।

हम खत्म नहीं हुए, सिर्फ फासला आ गया है,
एक और वादा फिर से अधूरा रह गया है।
वक़्त की धुंध में खो गए हैं रास्ते सभी,
पर दिल अब भी उसी मोड़ पर ठहर सा गया है।

6. माँ की याद में

जिस पल तू मुझसे जुदा हुई,
उस पल दिल दो टुकड़ों में बंटा कहीं।
एक हिस्सा बस यादों से भर गया,
दूजा तेरे संग ही मर गया।

रातों को मैं जागती हूँ चुपचाप,
जब सारा जहाँ सोता है बेहिसाब।
यादों की गलियों में टहलती हूँ मैं,
और गालों पे आँसू छलकाती हूँ मैं।

तुझे याद करना तो है आसान,
हर रोज़ करती हूँ, क्यूँकि तू ही है मेरी जान।
पर तुझसे जुदाई का जो दर्द है माँ,
वो कभी न जाए, बस बढ़ता ही रहा।

दिल में तुझको संभाल रखा है,
तेरे लिए एक जहाँ बसा रखा है।
ज़िंदगी तो चलती है अपनी रफ़्तार,
पर तू नहीं, तो सब कुछ है बेकार।

7. माँ तेरे बिन

अब कोई दिन ऐसा नहीं, जब तुझे याद न किया,
हर सुबह, हर शाम – तेरा ही नाम लिया।
बस एक बार और तुझसे बात हो जाए,
तेरी आवाज़, तेरा प्यार – फिर से महसूस हो पाये।

अब अफ़सोस होता है उन मुलाकातों का जो रह गईं अधूरी बहाना बनकर।
अब तू भी चली गई मेरे जीवन से एक साया बनकर।

अब ये दुनिया भीड़ से भरी है, पर तू नहीं है,
हर चहल-पहल के बीच भी एक गहरी ख़ामोशी सी रहती है।
जिसने जन्म दिया, जब वो नहीं होती है,
हर जीत अधूरी लगती है – हर मुस्कान थोड़ी खोती है।

तू ही तो सिखा गई, जीना, मुस्कुराना,
हर तूफ़ान को झेलना और फिर से उठ जाना।
तेरा प्यार ऐसा था, तू चली भी गई,
पर तेरी यादें मुझमें हमेशा ज़िंदा रह गईं।

अब मैं तुझे हर रोज़ अपने भीतर महसूस करती हूँ,

वो छोटी सी बच्ची भी हमेशा याद रखती हूँ।
जो तेरी गोदी को फिर से पाना चाहती है,
तेरे आँचल में सुकून पाकर फिर से रोना चाहती है।

तेरी मूरत अब मेरे आईने में बसती है,
तेरी आवाज़ अब मेरी धड़कनों में हँसती है।
मैं जब भी माँ कहलाई, तेरा नाम लिया,
तू ही तो थी, जो हर मोड़ पर मुझे संभाल लिया।

8. बस एक और बार

किसी को माँ मिली जैसे सखी, जैसे सहारा,
किसी को बस कुछ पल, तो किसी को धुंधला किनारा।
मगर जितना भी मिला, वो प्यार खास रहा,
हर दिल पे माँ का असर हमेशा पास रहा।

अब भी दिल कह उठता है – बस एक कॉल हो जाए,
तेरी आवाज़ में फिर से मेरी उलझनें खो जाएँ
"तू कर लेगी सब," जब वो कहती थी,
दुनिया की हर मुश्किल छोटी लगती थी।

तेरी बाहों में जैसे सारा डर खो जाता था,
तेरे गले लगते ही दिल फिर मुस्काता था।
तेरी हँसी, तेरी ख़ुशबू, वो नज़र का अंदाज़,
बिना कहे भी तू जान लेती थी हर राज़।

शोक तो दस्तक नहीं देता, बस चला आता है,
ख़ुशियों की भीड़ में भी एक सन्नाटा छा जाता है।
रात की ख़ामोशी में, या हँसी के दरमियाँ,
बस तेरी "मैं हूँ ना" की कमी महसूस होती है यहाँ।

कभी-कभी बस इतना ही है मन करता,
एक अधूरी बात जो अब भी है कहना।
एक बार और सुन पाऊँ – "मैं भी तुझसे प्यार करती हूँ",
और एक बार फिर से कह पाऊँ – "माँ, तेरा शुक्रिया।"

9. तेरे बिना... सब अधूरा

छूना चाहूँ तुझे तो बस खालीपन पाऊँ,
तेरी आवाज़ ना हो फिर भी हर ओर सुनती जाऊँ।
दुनिया बढ़ती रहे, पर मैं वहीं रुकी रह जाऊँ,
तेरी कमी में हर रोज़ थोड़ा और टूट जाऊँ।

रसोई में अब भी वो अपनापन महकता है,
तेरे स्पर्श किया हुआ हर कोना कुछ कहता है।
तेरी मीठी बोली, वो लोरी का रंग,
मन के हर तार पर अब भी है मेरे संग।

हर रात ख्वाबों में तुझसे मिलने की आस जागे,
तेरा चेहरा देखूं, ये दिल चुपचाप माँगे।
वक़्त की चाल तेज़ सही, पर कुछ नहीं मिटाता,
तेरी यादों का कारवां हर रोज़ संग आता।

माँ, तुझ बिन सब अधूरा, हर बात में है तन्हाई,
तेरी ममता की वो छाया अब भी मुझमें है समाई।
तेरी जगह न कोई ले सका, न ले पाएगा,
ये रिश्ता है रूह का – जो वक़्त भी न मिटा पाएगा।

10. हर मौसम आसान हुआ

कभी मैं टूटी, कभी तू सँभली,
तेरे आँचल में हर बेचैनी ढली।
बिना कहे तू सब जान जाती थी,
हर आहट में मेरी धड़कन पहचान जाती थी।

पहले प्यार का मतलब समझा था कुछ और,
तितलियाँ, बातें, वो चमकता सा दौर।
मगर माँ बनने के बाद समझ आया,
प्यार तो वही है – जो हर मोड़ पर थामे साया।

तेरे संग वो चुपचाप बैठना कुछ कहता था,
शोर के बाद वहाँ सन्नाटा भी बहता था ।
“तू थक गई होगी, मैं सुला दूँगी उसे”,
तेरे कहे हर जुमले में था, “मैं हूँ तेरे लिए”।

कभी दिन चिढ़चिढ़ा, कभी बात नहीं बनी,
कभी चुप्पियाँ रहीं, तो कभी हँसी भी छनी।
पर हर रोज़ तू खड़ी रही पास में,
जैसे थकी साँसों हो सुकून की आस में।

कई मौसम गुज़रे जब डर था कि हम बिखर जाएँगे,
जब थकावट में रिश्ते भी कहीं खो जाएँगे।
पर माँ, तूने सिखाया –
प्यार टूटता नहीं, वो फिर से बनता है... साथ में।

अगर कभी लगे कि रोशनी थम गई है,
या उम्मीद की चिंगारी भी बुझ गई है –
तो याद रख, मैं अकेली नहीं हूँ,
तेरी ममता की लौ अब भी जल रही है।

क्योंकि माँ, तेरा प्यार है निर्मल जल सा,
त्याग में गहरा, खामोशी में हलचल सा।
कठिन राहों में जो तूने बोया हर पल,
वहीं बना मेरी ताक़त, मेरा सबसे बड़ा संबल।

11. तेरी कमी

हर दिन एक नई तरह से तुझको रोती हूँ,
कभी दर्द से टूटती, कभी ख़ामोशी से खोती हूँ।
कभी ये ग़म तेज़ आँधियों सा मुझे घेर लेता है,
कभी ये बस मन में दबा सा कुछ कहता है।

हर बीतता दिन मुझे ये जताता है,
की जाने वाला कभी वापस नहीं आता है।

मैं अपनी पीड़ा तुझ तक पहुंचाती हूँ :
उन लम्हों की जो अब तू न देख पाएगी,
उन बातों की जो तू कभी न सुन पाएगी।

मैं अपनी वेदना तेरे संग बाँटती हूँ :
उस आख़िरी दिन की, जब तेरा आँचल थामा था,
और उन हर सुबह-शाम की, जो तेरे संग बिताया था।

मैं वेदना लफ़्ज़ों में पिरोती हूँ :
तेरी आवाज़ की मधुर गूंज के लिए,
तेरी हँसी की उस प्यारी रोशनी के लिए—
जो जब भी छलकी, मेरी दुनिया खिली थी।

मैं अपने दर्द की कहानी बुनती हूँ :

क्योंकि यही उस गहरे प्यार की कीमत है,
जो तुझसे था, और अब भी उतना ही है।

ग़म एक कर्ज़ है, जिसे उम्रभर निभाना है,
तेरे मिलने की आस में, बस स्वर्ग तक जाना है।

कहा गया है–
ग़म वही प्यार है, जिसे कोई ठिकाना नहीं,
और ये सच है, ये जज़्बा कभी भी बेगाना नहीं।
सीने में जो तूफ़ान है, वो प्यार की मिसाल है,
कहाँ कहूँ इसे, ये तो बस ख़ामोश सवाल है।

किससे कहूँ ये दिल की अधूरी कहानी,
तेरी हर सौगात है अब मेरी ज़िंदगानी।
क्योंकि अब ये ग़म मेरा साया बन गया है,
हर सुबह, हर रात दिल को छू जाता है।

वो कहता है – "मैं वहीं हूँ, जहाँ तू थी,
तेरे बिना भी, तू मुझमें आज भी जी रही है।"

13. हरसूँ तू ही तू

जो तू बनी रही रहनुमा मेरी,
हर मोड़ पर दिखी बस छवि तेरी।
ना था इल्म कि इतनी दूर जाना होगा,
क्यूंकि तेरे बिन कौनसा ही मोड़ सुहाना होगा।

मन का समंदर जब जब भर आया,
तेरी गोद की यादों में वो फिरसे मुस्काया।
तेरे बिना हर खुशी अधूरी सी लगे,
हर रंग फीका, हर महक सूनी सी लगे।

आसमान के रंगों सी तू हरसू रहती है,
तेरी मुस्कान हर कोने में खुशबू सी बहती है।
तेरे बिना भी तू मेरे पास चली आती है,
हर सर्द हवा में कुनकुनी धूप सी मुझे सहलाती है।

चाहूं जो सुकून, बस तुझसे जुड़ जाए,
तेरे आँचल की छाँव फिर से लहराए।
तू नहीं है फिर भी तू हर ओर है,
तेरे बिना भी ये जीवन तुझसे भरपूर है।

14. मुस्कुराहट

माँ तेरी मुस्कुराहट क्या है मेरे लिए -

सर्दियों में कुनकुनी धूप सा स्नेह है
तपती धूप में छाँव सी शीतलता है
पतझड़ में आए वो बागों की बहार है
मौसम की पहली हल्की फुहार है
सूरज की पहली सुनहरी किरण है
मन को भिगोती शाम की शीतल पवन है
मन को गुदगुदाती छोटे बच्चे की हँसी है
जीवन में जो रंग भर दे वैसी ख़ुशी है
अंधेरे में जो उम्मीद की लॉ जलाए वो दीपक है
सृष्टि के हर कण को जो रोशन करदे वो चमक है
अब वो सामने नहीं हैं
पर दिल के भीतर बसी हैं
ज़रूरत हो जब भी उनकी, खयालों में उन्हें पा लेती हूँ
और यूँही ज़िंदगी की उलझनों को चुपचाप सुलझा लेती हूँ।

15. लौट आ माँ

मेरे जीवन के पतझड़ में, तू ही तो एक बहार थीं,
किस स्याही से लिखूँ, माँ – तू ही मेरा संसार थीं।

जबसे मेरी साँसों को, इस जीवन का वजूद मिला,
पहली ही झलक में, तेरा ही चेहरा सामने खिला।

बिन माँगे, बिन कहे – सब कुछ तूने दे दिया,
लाड़, प्यार, दुलार से – मेरा हर कोना भर दिया।

मेरे मन की हलचल में, तू ही तो एक ठहराव थीं,
हर रुकावट में सहारा बन, तू ही मेरा बहाव थीं।

मेरे आँगन की महक, चूड़ियों की खनक – सब तुझसे था,
हर कोना, हर साज, माँ – बस तुझसे ही रोशन था।

सोचा था कि ये उम्र मेरी तेरी छाँव में ढलेगी,
तेरे प्यार की डोर कभी ना मुझसे छूटेगी।

पर जिसने हर पल मुझे सब कुछ दिया, वो क्या ही ग़ज़ब कर गई,
जाते-जाते अपने संग, मेरा मायका ही ले गई।

अब तेरी यादों को समेटे चल रही हूँ एक अनजानी राह पर,
शायद इसी उम्मीद में – कि कहीं मिल जाए तू, माँ... फिर एक बार।

16. माँ - मेरी रोशनी, मेरी शक्ति

कुछ दिन ऐसे भी आए जीवन में,
जब हर ओर था अंधकार और भ्रम मन में।
दुनिया लगती थी पराई, ख़ामोश सी,
पर एक रोशनी कभी ना बुझी – वो ही मेरी माँ थी।

कुछ कहे बिना भी बहुत कुछ कह जाती थी,
एक छुअन से ही सारी थकान मिटा जाती थी।
"मैं हूँ ना," बस इतना कहना काफ़ी होता,
और टूटता हुआ मेरा संसार फिर से जुड़ जाता।

जब दुनिया ने मुंह मोड़ा, माँ ने थामा हाथ,
मेरे विश्वास की दीवार बन खड़ी रहीं हर बार।
जब खुद को भी न पहचान सकी मैं कभी,
माँ ने दिखाया आईना, दी हिम्मत नई।

अब भले ही तू साथ नहीं इस जहाँ में माँ,
तेरी यादें हैं जैसे कोई अनमोल खज़ाना यहाँ।
तेरी हँसी, तेरा भरोसा, वो खामोश मज़बूती,
दिल की हर धड़कन में बसी है वो सूझ-बूझ की खूबी।

जब भी जीवन लगे थका-हारा,
तेरे प्यार की परछाई में मिल जाता सहारा।
तेरी ममता की छाँव में फिर से मुस्कुराती हूँ,
हर टूटते पल में खुद को फिर से पाती हूँ।

सब कुछ छिन जाए तो भी ये यक़ीन रहेगा,
तेरा साथ मेरे दिल में कहीं न कहीं रहेगा।
ना तू कभी दूर हुई, ना किया कभी किनारा,
ना तब, ना अब... ना कभी दोबारा।

17. शोक की पगडंडी

शोक सिर्फ़ एक भावना नहीं, ये बिखराव की कहानी है,
जहाँ कभी प्रेम बसा था, अब खाली सी निशानी है।

शुरुआत में लगता है जैसे घाव कभी न भर पाएगा,
हर सांस में एक टीस रहेगी, दिल चुपचाप रोता रह जाएगा।

धीरे-धीरे किनारे सुलझते हैं, दर्द थोड़ा कम होता है,
पर यादों की छाया में कुछ तो सदा नम होता है।

हम "आगे बढ़ते" नहीं, हम बस साथ इसे लेते हैं,
जिसे हमने खोया था, वो बस रूप बदल कर रहते हैं।

हंसी की गूंजों में, पुरानी बातों की गर्माहट में,
और उन खामोश लम्हों में, मन कुछ खोया सा लगता है।

शोक कोई बोझ नहीं, जिसे छिपाया जाए,
ये कमज़ोरी नहीं, जिससे कोई शर्म आए।

ये तो प्रेम का सबसे गहरा प्रमाण है,
कि किसी सुंदर एहसास ने छुए तुम्हारे प्राण है।

तो खुद को महसूस करने दो,
आंसुओं को बहने दो, यादों में बहकने दो।

कोई समय तय नहीं, कोई तरीका ठीक नहीं होता,
कभी दिन भारी हैं लगते, कभी मन हल्का सा रोता।

कभी दुःख की लहरें छू जाएँ दिल के किनारे,
कभी कृतज्ञता की गहराई में उतरते हैं सवेरे।

शोक को सहेजना भी एक मधुर गीत है,
जो कहे दिल का समंदर कितना असीमित है।

और समय के संग, इस पीड़ा में भी शांति आएगी,
न भूलने से, पर प्रेम और वियोग के संग जीना सिखाएगी।

18. माँ जैसी

अब चलती हूँ उसी रफ्तार से,
जिसमें माँ चलती थीं प्यार से।
हर बात, हर अदा में उनकी झलक मिलती है,
आईने में अब माँ की मुस्कान खिलती है।

माँ कोई याद नहीं, वो पूरी कायनात थीं,
हर रोशनी, हर जज़्बात उन्हीं की सौगात थीं।
मैं जितना समझ पाऊँ, वो उससे कहीं बड़ी थीं,
मैं जितना टूटूँ, वो उतना ही खड़ी रहीं।

मजबूत थीं वो, पर चुप रहीं सदा,
हर दर्द ओढ़ लिया, न कभी कुछ कहा।
लफ़्ज़ थे उनके जैसे मरहम का हाथ,
हर छुअन में था ममता का साथ।

माँ मेरी प्रेरणा, मेरा विश्वास हैं,
मेरी पहली दुनिया, मेरा अहसास हैं।
अगर बन सकूँ कभी उनके जैसा कहीं,
तो समझूँगी – मैं भी सच में "माँ" बनी।

19. बचाना जानती है

धूप बचा लेती है बारिशों के लिए,
उजास सँभालती है अंधेरों के लिए,
हर बार बचा लेती है वो राह,
तंगी में रखती है उम्मीद की पनाह।

कुछ अच्छे दिन रखे हैं उसने याद,
बुरे वक़्त में भी ना छोड़ा साथ।
टूटता चूल्हा, पर जलता रहा,
बँटती मुँडेर, पर घर पलता रहा।

और कुछ पंक्तियाँ इसी भाव में:

चुपचाप सहती है आँधियाँ,
दिल में छुपा रखती है कहानियाँ।

हर ज़ख़्म पे लगाती है मरहम,
फिर भी कहती है – "कुछ नहीं, बस यूँ ही कम।"

थाली में परोसती है प्यार की थाली,
भूख से पहले भर देती है खाली।

उधार के लम्हों में सपने सीती,
माँ तो बस माँ है – हर जंग जीतती।

बिखरे घर को रोज़ समेटती जाती,
माँ हर बार फिर से घर बनाती।

20. मेरी माँ, मेरी सरताज

माँ ने कभी पहना नहीं कोई ताज,
फिर भी हैं मेरे जीवन की सरताज।
ना उड़ना था उन्हें, ना लड़ना किसी जंग में,
बस हर दर्द को ओढ़ लिया चुपचाप अपने रंग में।

वो रही हर तूफ़ान में मेरे साथ खड़ी,
ना मांगी कभी दुआ, ना जताई कोई बात बड़ी।
उनके प्यार की भाषा थी सबसे खास,
एक सुनसान रात में जैसे रोशनी का एहसास।

बिन कहे उन्होंने सब कुछ लुटा दिया,
हमारी खुशियों में खुद को भुला दिया।
थके जो कदम, मुरझाए सही,
फिर भी हमारे लिए राहें सजाए नई

अब समझ में आया, उम्र के साथ धीरे-धीरे,
सबसे मजबूत इंसान मेरी माँ थी –
जो कभी टूटी नहीं,
जो कभी रूठी नहीं,
और जो हर मोड़ पर बस मेरे साथ रही।

21. बेटी जो माँ बन गई - मेरी माँ का नज़रिया

तेरे लल्ला को गोद में लेते देख, आँखें भर आईं मेरी,
जैसे कल ही तो तू थी मेरी बाहों में, वो दुनिया मेरी सारी।
कभी मैं भी थी डर में डूबी, पर तेरी मुस्कान ने सहारा दिया,
आज तूने वही ममता का दीपक बन, हर पल उजियारा किया।

तेरे स्पर्श में वो नरमी है, तेरी बातों में वो सुकून,
तेरे होने से ही लगता है, घर का हर कोना महकता फूल।
तू झुलाती है अपने बच्चे को, जैसे मैंने तुझको झुलाया था,
तेरी हर थकान में मुझे अपना ही अक्स नज़र आया था।

तेरे हर आँसू में अपनापन है, तेरे हर गीत में प्यार,
तेरा हर कदम बता रहा है, तू निभा रही है माँ का किरदार।
तेरे इस सफ़र में, हर लोरी, हर सिसकी, हर रात लंबी लगेगी,
पर जान ले, तू अकेली नहीं, मेरी दुआ हर पल तेरे संग चलेगी।

मैं देख रही हूँ तुझे निहारते, संभालते, प्यार में डूबी हुई,
और सोचती हूँ—क्या तुझे भी ममता की सबसे सुंदर अनुभूति हुई?
गर्व है मुझे, सिर्फ उस माँ पर नहीं जो तू बनी है,
बल्कि उस स्त्री पर जो आज भी प्रेम में जमी है।

थकान भी आएगी, आँसू भी बहेंगे,
पर तुझसे पनपे बीज, एक दिन फूल बनके कहेंगे–
"हमारी माँ, हमारे लिए सब कुछ थी",
जैसे आज भी मैं कहती हूँ–**"मेरी माँ, मेरी दुनिया थी।**

22. कुछ कहना बाक़ी है

माँ, बहुत कुछ था जो कहना था,
पर वक़्त ने ही साथ नहीं निभाया।
मैंने सोचा था – उम्र भर तेरा साथ रहेगा,
पर अब बस जो रह गया वो है तेरा साया।

वो दरवाज़ा जो समय ने बंद कर दिया,
अब हर रात मैं उससे बातें किया करती हूँ।
तेरा नाम धीमे से पुकारती हूँ,
एक खालीपन में भी तुझे महसूस करती हूँ।

तेरी कुर्सी वैसी ही पड़ी है आज भी,
तेरी खुशबू अब भी इस घर में बसी है।
कभी कांपते हाथों से तेरा आँचल छू लेती हूँ,
इसी तरह तेरी यादों में फिर से जी लेती हूँ।

अगर भावनाओं से कोई लौटा सकता गुज़रा हुआ पल,
तो माँ, तू मेरे पास होती – बिलकुल यहीं हर वक़्त हर पल।
पर जीवन आगे बढ़ता है, ये दिल ही तो है जो पीछे रह जाता है,
तेरे लिए हर दिन मेरा मन चुपचाप आँसू बहाता है।

एक पल के लिए, एक बार बस तू मिल जाए,
तेरा हाथ थामकर तुझसे लिपट जाने को मन चाहे।
इसलिए अब हर रात तुझसे मिलने के सपने बुनती हूँ,
वो सारे शब्द – जो ना कह सकी, अब लिखकर कहती हूँ।

23. दही बड़े

दही बड़ा सिर्फ़ ज़ायका नहीं, एक प्यार भरी बात है,
माँ के हाथों का जादू, जिसमें हर भावों की सौगात है।
जानते हो मज़ेदार बात क्या है?
मैंने यादों को खाने से जोड़ा ही नहीं शायद कभी।

पर ज़िंदगी तो सिखा ही देती है सबक,
हर चीज़ की अहमियत समझा देती है चुपचाप।
माँ के जाने के बाद ही जाना,
क्यों उनका हर बनाया स्वाद था कुछ खास।

उनकी रेसिपी आज भी मेरे पास है,
पर उसमें वो ममता कहाँ जो बस उनके साथ है?
चाहूँ भी तो वैसा बना नहीं पाऊँ,
क्योंकि उसमें उनका दुलार था, वो मैं कहाँ से लाऊँ।

अब खाने में पहले जैसा स्वाद नहीं आता,
हर निवाले में बस उनकी कमी सताती।
काफ़ी साल हो गए इस बात को बीते,
पर लगता है ज़िंदगी का ज़ायका भी छूट गया कहीं पीछे।

माँ के हाथों का स्वाद नहीं बस खाने तक सीमित था,
वो तो प्यार, दुआओं और यादों का मिश्रण था।
अब जब भी दही बड़ा मैं बनाती हूँ कभी,
माँ के पास होने का एहसास होता है वहीं।

24. हम फिर मिलेंगे

हम फिर मिलेंगे - माँ का मुझसे वार्तालाप

मत उदास हो, हम फिर मिलेंगे,
नींद में सपनों के संग खिलेंगे।
छोटी-सी आँखें खोलो ज़रा,
मैं न दिखूँ, पर रहूँगी वहाँ।

मत पकड़ो उस बात का धागा,
कि मैं हर पल रहूँ तुम्हारा साया।
हर आरंभ का होता है अंत,
पर यादों में मैं रहूँगी अनंत।

जब सपनों में न दिखूँ कहीं,
न उदास होना, न छोड़ना उम्मीद वहीं।
मैं छुपी हूं तेरे दिल के कोने में,
जिसकी गहराई में बहती मधुर रागिनी।

कुछ पल उड़ान भर दूर जाएंगे,
मगर यादों से कभी न मिट पाएंगे।
तेरे ज़ख्मों पे समय मरहम बन जाए,

और हर दुख धीरे-धीरे सिमट जाए।

अच्छे-बुरे पलों से सजी ये कहानी,
फिर भी कितनी सुंदर, कितनी सुहानी।
आज हम जहाँ भी हों, अलग-अलग राहों में,
दिल हमारे जुड़े रहेंगे हर चाहों में।

कभी हार मानने की बात न करना,
मज़बूत रहो, न रुकना, न डरना।
तुम कर सकती हो – सदा से किया है,
और आगे भी कर पाओगी – ये वादा मेरा है।

हाथ न सही, पर एहसास बाकी है,
जादू वहीं है जहाँ याद बाक़ी हैं।
मुझे अपने दिल में ज़िंदा रखना,
ज़िंदगी को खुलकर जीना, मत रुकना।

चाँद की रोशनी, हवा की सरगम,
बारिश की बूंदें, परिंदों का संगम।
इन उपहारों में ढूँढना तुम मेरी बात,
प्रकृति में बसी है मेरी सौगात।

तू जिए बिना रुके, मैं हर सांस में रहूँ,
तेरे हर सफ़र में चुपचाप साथ चलूँ।
अगर लगे मैं कहीं भी नज़र न आऊँ,
सपनों से भी जैसे दूर चली जाऊँ

तो उन छोटी-छोटी चीज़ों में ढूँढ लेना मुझे,
जो हम अक्सर अनदेखा कर देते हैं यूँ ही।
मैं वादा करती हूँ – मैं दूँगी तुझे हल्का सा एहसास,
कि मैं हूँ यहीं, तेरे बहुत ही पास।

www.ingramcontent.com/pod-product-compliance
Lightning Source LLC
Chambersburg PA
CBHW070650240926
51846CB00003BA/860
* 9 7 8 9 3 7 2 1 3 5 8 5 5 *